Encore plus de bêtises sur la nature

Conception graphique : Hokus Pokus
Réalisation : Dédicace/Nord Compo, Villeneuve d'Ascq
Couverture : Léa Larrieu

ISBN : 978-2-603-02556-7

Dépôt légal : mai 2018

François Lasserre
Roland Garrigue

Encore plus de bêtises sur la nature

que les grands racontent aux enfants

L'humour est dans le pré

delachaux et niestlé

Les mammifères ne pondraient pas

ALLEZ DIRE ÇA À L'ORNITHORYNQUE !

Disons plutôt qu'au cours de l'évolution, les mammifères ont cessé de pondre des œufs à l'extérieur. Ils conservent désormais l'œuf (sans coquille rigide) à l'intérieur du ventre, ce qui lui évite d'être à la merci des prédateurs, par exemple. Il reste cependant un petit groupe de mammifères qui pond toujours : les monotrèmes. Cinq espèces vivent en Australie et en Nouvelle-Guinée. Parmi elles se trouve le célèbre ornithorynque à l'allure unique avec son museau en bec de canard, sa queue de castor et ses crochets venimeux ! La femelle pond de 1 à 3 œufs et les couve roulée en boule pendant environ 10 jours. En tout cas, œufs ou pas, nous expulsons tous un jour nos petits à l'extérieur de notre corps !

Tous les castors feraient des barrages

AVEC DES ROCHERS ?

Pas tous ! Ceux qui vivent dans le Rhône, par exemple, n'édifient pas de telles constructions lorsque l'environnement est fait de rochers. Dans ce cas, ils logent dans de simples terriers sur la rive. Ailleurs, les castors construisent bien des barrages, plus ou moins grands, qui servent à maintenir le niveau d'eau là où est aménagée la hutte dans laquelle ils vivent. Les structures les plus impressionnantes ont été répertoriées au Canada. Elles peuvent atteindre 5 mètres de hauteur et plusieurs centaines de mètres de longueur !

GRA
BARR

LOUP

Les loups auraient été relâchés dans la nature

PAR DE MÉCHANTS ÉCOLOGISTES ?

Tous les loups de France ont été exterminés par les humains entre 1930 et 1950 environ. Au début des années 1990, de nouveaux individus ont pénétré sur le territoire, en provenance d'Italie. Ils ont traversé la frontière à pattes, notamment par le Mercantour, un parc naturel très sauvage. Certaines personnes n'aiment tellement pas les loups qu'elles ont immédiatement accusé les amis des animaux de les avoir introduits volontairement. Il n'en est rien ! Ce sont bien des loups venus des Abruzzes, en Italie, en quête de nouveaux territoires. Depuis, on compte environ 300 individus installés en France et d'autres traversent le pays en provenance de toute l'Europe. Sa présence ne laisse pas indifférent : nous n'avons pas fini d'entendre parler de cet animal !

Les panthères et les léopards seraient des animaux différents

COMME LES MORUES ET LES CABILLAUDS ?

Panthère et léopard sont une seule et même espèce. La confusion viendrait des différentes origines de leurs noms, notamment de l'époque où le mot « panthère » désignait les félins à longue queue (dont les léopards) et « léopards » ceux à queue courte. Pour ajouter à la confusion, le nom scientifique des félins d'Amérique à queue courte est *Leopardus* (ocelot, oncille et margay) et celui du léopard, *Panthera pardus*. On recense aujourd'hui 4 espèces de *Panthera* dans le monde : *Panthera pardus*, le léopard ; *Panthera leo*, le lion ; *Panthera tigris*, le tigre, et *Panthera onca*, le jaguar. Il y aurait aussi 8 sous-espèces de léopards dans différentes régions de la planète. Le plus connu est le léopard d'Afrique, qui pose allongé sur une branche d'acacia avec une proie entre les pattes. La panthère noire n'est qu'une forme noire du léopard. Principalement localisés dans les forêts denses d'Asie du Sud, des individus noirs ont aussi été repérés en Éthiopie, au Cameroun ou au Kenya. Cette couleur est issue d'une mutation génétique, appelée mélanisme, qui leur permet, dans les forêts sombres d'Asie, d'être mieux camouflés. Cette variation est visible chez d'autres félins : il est possible de rencontrer des jaguars et des couguars noirs en Amérique !

L'âne serait têtu

POUR NOUS EMBÊTER ?

Comme d'autres animaux, l'âne n'est pas fou et, s'il considère qu'il y a un risque pour lui, il refusera d'avancer. Une pente, des pierres ou d'autres obstacles suspects et l'équidé se bornera à se fier à son instinct, sans bouger. Que feriez-vous à sa place ? La même chose !

La guêpe risquerait de m'attaquer si je bouge

ET SI JE L'INSULTAIS AUSSI ?

Loin de son nid, une guêpe est inoffensive. Elle ne cherche pas à défendre la colonie mais à trouver de la nourriture. Dans ces conditions, même si un humain l'insulte ou s'agite devant elle, elle s'en moque ! L'insecte est focalisé sur la recherche de viande ou de poisson pour ses larves, voire de confiture pour lui. Une guêpe aura beau tourner autour de vous lors d'un pique-nique, seule la nourriture l'intéresse. Évidemment, si vous la coincez malencontreusement contre vous en vous débattant, alors elle se défendra en piquant. Sinon, elle passera son chemin. S'il ne vaut mieux pas s'approcher de son nid, il est inutile d'inquiéter tout le monde lorsqu'une guêpe s'invite à table, aussi curieuse soit-elle !

Les chiens

seraient des

animaux sauvages apprivoisés

LES CHIHUAHUAS VIVAIENT DANS LA FORÊT ?

Tous les chiens qui nous entourent, du chihuahua au berger allemand, n'ont jamais existé à l'état sauvage. Ils ont été créés par l'homme, petit à petit, à partir de loups. Il y a plusieurs dizaines de milliers d'années, des hommes ont commencé par apprivoiser des loups. Ces derniers étaient très utiles pour chasser et repérer les proies, voire pour garder le village. Au fur et à mesure, l'homme a gardé les individus les plus adaptés à certains besoins. À force de les sélectionner, des races sont apparues. Les petits chiens ont été choisis pour pénétrer dans les terriers de renards, les plus obéissants pour garder les troupeaux, etc. L'intérêt de l'homme pour ces animaux l'a également poussé à créer des formes sur de simples critères esthétiques. Il existe désormais de nombreuses races de chiens, comme les chihuahuas ou les pékinois, qui n'auraient jamais existé sans intervention humaine.
C'est aussi le cas des autres animaux dits « domestiques » : les cochons sont issus des sangliers ; les vaches des aurochs ; les chèvres de leurs cousines sauvages, etc. Ainsi, les chiens sont des organismes vivants modifiés… par les humains !

Les femelles seraient plus colorées que les mâles

ET POURQUOI DONC ?

Chez les oiseaux, en particulier, c'est tout le contraire. Les mâles arborent des couleurs dignes d'une création de haute couture. Ces teintes apparaissent et servent souvent à séduire les femelles au moment des amours. Gonflés, roucoulant, sautant, dansant, ils ne cesseront leur parade nuptiale que lorsque la femelle les aura acceptés. Quant à celle-ci, il lui faudra ensuite passer de longues heures à couver ses œufs dans un nid ou au sol. C'est un moment crucial au cours duquel cette dernière est vulnérable. Si elle était rouge, jaune ou bleue, comme un mâle, les prédateurs la repéreraient aussitôt. Avec ses coloris neutres, comme le nid ou le sol, qui la camouflent parfaitement, elle passe totalement inaperçue et heureusement pour elle !

Les oiseaux ne seraient pas venimeux

GARE AU PARADISIER !

Il est vrai qu'ils sont rares et qu'on les a découverts récemment, mais des oiseaux venimeux existent bel et bien ! C'est en manipulant l'un d'entre eux qu'un ornithologue a été légèrement empoisonné par un paradisier de Nouvelle-Guinée. La salive, la peau et les plumes de cet oiseau contiennent une substance toxique comparable à celle des petites grenouilles colorées d'Amérique du Sud.

Avant, les hommes auraient mieux respecté les animaux

À NOUS DE DEVENIR DES « BONS SAUVAGES » ?

On entend parfois que les hommes respectaient davantage les animaux lorsqu'ils vivaient près d'eux, dans la nature. Depuis quelques années, les fouilles archéologiques nous disent plutôt le contraire : à chaque fois que les humains s'installaient quelque part, les populations de mammifères de plus de 40 kg diminuaient fortement, voire disparaissaient. Aujourd'hui, des zones comme les réserves du Kenya sont riches en gros animaux car la pression humaine y est faible. En Europe, pour voir beaucoup de mammifères, on peut se rendre là où ils sont plus difficiles à ennuyer, comme dans les parties rocheuses et inaccessibles des montagnes.
L'Histoire nous révèle que le mythe du « bon sauvage » est régulièrement ébranlé. Notre rapport aux autres êtres vivants aurait été plutôt conflictuel : nous les tuons pour nous nourrir et nous habiller ou pour éliminer leur concurrence. Si parfois nous évitions de les tuer, c'était à cause de croyances ou de traditions. Désormais, puisque les espèces disparaissent petit à petit, ne serait-ce pas à nous de rendre le mythe du « bon sauvage » réel et de respecter les animaux « pour rien », juste parce qu'ils existent sur Terre, comme nous ?

Les martinets ne pourraient pas se poser

ILS PRÉFÈRENT VOLER !

Il est si rare de voir des martinets au sol que certains imaginent qu'ils ne se posent jamais. Heureusement pour leurs poussins, ces oiseaux peuvent évidemment se poser et s'accrocher au nid. Il est vrai que ces rois du ciel font tout ou presque dans les airs : se nourrir, s'accoupler, dormir (oui, ils dorment en volant), migrer… Leurs courtes pattes les rendent peu habiles une fois posés, mais ne les empêchent pas de le faire de temps en temps. Les jeunes, quant à eux, peuvent passer presque 1 an dans le ciel sans se poser une seule fois, avant de s'accoupler et pondre à leur tour. C'est un record chez les oiseaux !

ZZzzz
zzz
ZZzzz
ZZzzz
zzz...

Les zombies n'existeraient pas

QUAND *THRILLER* SE PASSE DANS LES HERBES…

Si un animal mort ne se remet pas à vivre, certains deviennent de véritables « morts vivants » au contact de parasites qui entrent dans leur corps et en prennent le contrôle ! Une fois à l'intérieur, ils vivent quelque temps, puis se mettent à téléguider leur hôte vers le corps d'un autre où il terminera son cycle de vie. C'est le cas d'un parasite qui fait virer du noir au rouge l'abdomen de fourmis et les fait s'agiter. Ainsi « zombifiées », elles se font repérer par des oiseaux qui croient trouver des « fruits rouges ». Avalé, le parasite se retrouve ensuite dans les crottes de l'oiseau et se fera de nouveau manger par les fourmis. Dans l'eau, des vers obligent des crevettes ou des poissons à nager à la surface, ce qui les transforme en proies faciles pour les oiseaux. D'autres forcent des fourmis à se faire manger par des vaches ; des rats par des chats ; des grillons à se suicider dans l'eau, où les vers continueront leur vie. La liste de ces zombies est longue et les secrets des mécanismes complexes qui les engendrent sont encore mystérieux…

Les chimpanzés ressembleraient à nos ancêtres

CHEETA NE VA PAS APPRÉCIER !

Cette idée nous vient en partie du dessin qui présente l'évolution des humains, depuis un chimpanzé jusqu'à nous, qui se redresse petit à petit en passant par les australopithèques. Cette illustration est en partie vraie : nous descendons bien d'un petit mammifère qui marchait à quatre pattes, puis a évolué jusqu'à former plusieurs espèces bipèdes, dont nous faisons partie. Mais en plaçant un chimpanzé sur ce dessin, cela nous fait croire que cet animal est notre ancêtre ou lui ressemble. Or, ce dernier (comme tous les animaux) a évolué jusqu'à aujourd'hui. Nos vieux ancêtres étaient bien quadrupèdes, mais moins évolués que les chimpanzés, qui le sont tout autant que nous !

Les panthères noires seraient toutes noires

CHAUSSER SES LUNETTES ET BIEN REGARDER…

Une panthère noire est un léopard. En les examinant à la lumière, on distingue très nettement les motifs en forme de taches, typiques de ces félins. Alors, si de loin une panthère paraît entièrement noire, de près elle est tout aussi tachetée !

À la campagne, tout ce qu'on dit serait vrai

PARCE QUE LES CHOUETTES PORTENT MALHEUR ?

Côté nature et animaux, on entend parfois parler du « bon sens paysan ». Les idées et comportements ruraux seraient meilleurs que ceux des citadins qui ne vivent pas au contact de la nature. Pourtant, pour beaucoup de campagnards, cette dernière est plutôt subie et pas toujours aimée, voire méconnue. Les insectes, les rats, les buses, les blaireaux, les renards, les cormorans… sont davantage vus comme des « nuisibles ». Ils mangent les récoltes, les animaux d'élevage ou le gibier, voire sont accusés de piquer. Difficile alors d'être très objectif, bienveillant et empathique avec eux. Il est facile de croire aux légendes et idées reçues, en clouant il n'y a encore pas si longtemps des chouettes mortes sur les granges pour conjurer le mauvais sort. L'écologie scientifique est davantage née dans les villes, loin de ces tracas, et avec elle les études et les idées qui présentent les animaux et les plantes de façon plus objective et rationnelle. Ne devrait-on pas aussi parler de « bon sens urbain » vis-à-vis de la nature ? Quoi qu'il en soit, toutes les idées objectives sont à prendre, qu'elles soient des villes ou des champs !

ALLEZ VITE !!! EN ROUTE POUR LA VILLE !!!

Les oies seraient bêtes

ET LES POULES AUSSI ?

Connaissez-vous l'expression « donner des noms d'oiseaux » ? C'est une façon de décrire quelqu'un qui profère des insultes telles que « bête comme une oie », « avoir un QI de poule », « être une vieille chouette », « une bécasse », « une dinde », « avoir une tête de linotte », etc. Ah que les expressions mettant l'intelligence des oiseaux en doute sont nombreuses ! Une oie est pourtant suffisamment « intelligente », évoluée et adaptée à son environnement pour se reproduire, s'occuper de ses jeunes, s'orienter lors des migrations et survivre à toutes les saisons. Elle a aussi de longues conversations avec ses congénères. Cela suffit pour que son espèce perdure, ce qui est une forme d'intelligence. Notons également que les corbeaux réfléchissent quasiment comme nous, les grands singes. Quoi qu'il en soit, comparer notre intelligence à celle des autres animaux est une occupation sans autre intérêt que de nous valoriser. Et si les oies en faisaient autant, nous donneraient-elles des « noms d'humains » ?

Les oiseaux attaqueraient les hommes

CE SERAIT DES PITBULLS DES AIRS ?

Certains, dans des circonstances très exceptionnelles et ponctuelles, peut-être ! Mais l'immense majorité des oiseaux nous laisse tranquille. L'ornithophobie, ou peur des oiseaux, fait partie des nombreuses peurs humaines. Elle a été notamment immortalisée par le réalisateur Alfred Hitchcock, maître du suspense, dans *Les Oiseaux* (1963). On y voit des mouettes, corbeaux ou autres petits moineaux attaquer les humains. Pourtant, comme Steven Spielberg et son requin des *Dents de la mer* (1975), le cinéaste anglais met en scène une peur injustifiée. Les oiseaux n'attaquent jamais pour le plaisir ou par malveillance. Les très rares exemples ont lieu à proximité d'un nid. C'est le cas de certaines sternes qui nichent au sol et tentent de défendre leur nid exposé. En Australie, le cassican flûteur peut parfois frôler ou frapper le casque des cyclistes. Il suffit de lever les bras pour se défendre, car jamais ces oiseaux ne nous dévoreront les yeux et le reste !

Les couleuvres ne mordraient pas

MÊME LA MONTPELLIÉRAINE ?

Tout comme l'idée que « les bourdons ne piquent pas » (voir *Toutes les bêtises sur la nature*, Delachaux et Niestlé, 2010), celle-ci est à la fois fausse et… vraie ! Vraie, car on ne se fait quasiment jamais mordre par une couleuvre, tant elles sont craintives à notre égard et fuient avant même que nous n'ayons eu le temps de les remarquer. Parfois, leur camouflage les fait disparaître à nos yeux. Cependant, si elle est acculée et se sent menacée, une couleuvre peut se défendre et attaquer bouche fermée, rarement en mordant. En France, la seule couleuvre un peu venimeuse et prompte à mordre est la grande couleuvre de Montpellier. Ses dents, situées à l'arrière de la mâchoire, n'injectent pas de venin, contrairement à certains crochets de vipères, et sa morsure reste inoffensive.

Il serait important de nourrir les oiseaux en hiver

CRIERAIENT-ILS FAMINE ?

Les oiseaux auraient besoin des humains en hiver ? Pourtant, leur adaptation à cette saison ne date pas d'hier et beaucoup fuient le manque de nourriture en migrant. Pour ceux qui restent, ils s'adaptent aux ressources disponibles, dont nos mangeoires. Ce sont généralement les mêmes qui osent s'approcher de nous : mésanges, moineaux, merles, rouges-gorges, pinsons, etc. Rares sont les cas pour lesquels cet apport de nourriture les sauverait d'une mort certaine. Nourrir les oiseaux en hiver, c'est surtout une façon de les rencontrer et les observer au plus près. C'est aussi un bon moyen de sensibiliser des enfants ou des adultes. Si l'expérience vous tente, il suffit de consulter les informations disponibles en ligne ou dans des livres. Évitez ainsi les quelques erreurs que les ornithologues – spécialistes des oiseaux – n'apprécient guère : nourrir hors période de grand froid, proposer des aliments trop salés, en trop grande quantité, avec du pain, etc. Vous pourrez les observer à loisir et faire des photos extraordinaires !

Les insectes ne vivraient pas longtemps

O.K. 15 JOURS, MAIS 53 ANS ?

Si elles ne vivent pas très longtemps comparé aux gros animaux, les nombreuses espèces d'insectes ont des durées de vie très variables. Le stade larvaire dure souvent plus longtemps que la phase adulte, comme c'est le cas des chenilles, par exemple. Pour dénicher quelques records, inutile d'aller plus loin que nos jardins. Côté adultes, la reine des abeilles domestiques vit parfois plusieurs années. Une reine de fourmis noires des jardins a vécu 30 ans en captivité. Côté larves, celles du lucane ou du grand hanneton se développent 3 à 5 ans sous terre, contre quelques semaines sous forme adulte. D'autres coléoptères vivent 3 ou 4 ans après leur nymphose. Bien plus loin, des reines de termites tropicaux résistent parfois 15 ans. En Amérique du Nord, des larves de cigales se font remarquer lorsqu'elles deviennent adultes et sortent de terre chaque 17 ans. Si la durée minimum d'une vie d'insecte est d'environ 15 jours pour un moucheron, le record est de 53 ans pour une larve de coléoptère du bois !

On ne pourrait pas accueillir les insectes sur un balcon

S'IL Y A DE LA PLACE POUR UNE FLEUR, ÇA SUFFIT !

Depuis quelques années, les insectes sont enfin bienvenus dans les jardins. Pour faire venir les papillons, abeilles et autres pollinisateurs sympathiques, rien de plus facile. Il suffit de placer des abris, y compris sur un balcon en ville. La crise du logement y est si grande que ces petits animaux se jettent sur le premier nichoir venu. Pour parfaire l'installation, on peut leur offrir de quoi manger en plantant des fleurs sauvages ou aromatiques, riches en nectar. Parmi les idées de nichoirs, ceux destinés aux abeilles et guêpes solitaires (inoffensives et méconnues) sont faciles à trouver sur Internet et à construire. Il existe également des abris qui accueillent des insectes adultes en hiver : coccinelles, papillons ou chrysopes. Faciles à fabriquer soi-même, ces refuges miniatures apporteront un peu de vie et de bricolage dans la famille !

Les insectes ne seraient pas en danger tant ils sont nombreux

ALORS OÙ SONT PASSÉS LES PAPILLONS COLORÉS ?

Ne sommes-nous pas les premiers à nous demander où sont passés les papillons ? Voit-on toujours des hannetons par centaines ? Est-on assourdi chaque été par les vrombissements des mouches ? De moins en moins, et nous commençons à le regretter. Si les insectes demeurent les animaux les plus diversifiés sur Terre, beaucoup d'espèces régressent. Ce n'est pas parce que nous voyons parfois beaucoup de gendarmes ou de coccinelles, qui s'adaptent à nos villes, que tous les insectes se portent bien ! Au contraire, comme d'autres animaux, leurs populations diminuent, parfois de façon surpenante, au point que l'on se demande ce que l'on fera sans eux !

Il y aurait des insectes dans les trous des meubles

C'EST DU PASSÉ TOUT ÇA !

Lorsque l'on découvre des trous dans une charpente, une armoire ou tout autre objet en bois, voilà que l'on soupçonne un insecte de loger dedans ! Ces ouvertures sont en réalité des portes de sortie ! Lorsque les larves grignotent le bois, parfois pendant des années, elles sont à l'intérieur, invisibles. Au moment de devenir des adultes ailés, elles se rapprochent de la surface, se métamorphosent et s'envolent à la recherche de nourriture, d'un partenaire et de bois mort sur lequel pondre. Ainsi, les trous que nous découvrons sont toujours vides. Inutile dans ces conditions de vaporiser toute la bombe d'insecticide à l'intérieur !

Les abeilles que l'on élève pour le miel seraient bonnes pour la biodiversité

ET LES AUTRES INSECTES POLLINISATEURS ?

Dans *Toutes les bêtises sur la nature* (Delachaux et Niestlé, 2010), nous avons vu que les abeilles sont très variées et que leur diversité ne se limite pas à celles vivant dans des ruches. Elles comportent plus de 1 000 espèces différentes en France et une seule produit du miel ! Toutes les autres sont solitaires et butinent en compagnie de milliers d'autres insectes pollinisateurs ! Dans ces conditions, installer des ruches peut gêner cette biodiversité. Avec l'arrivée des ouvrières, les autres insectes doivent parfois faire la queue pour butiner les fleurs ! Les abeilles qui ne fabriquent pas de miel sont aussi de meilleures pollinisatrices. Moins « soigneuses », elles répandent beaucoup de pollen sur leur corps et sur toutes les fleurs qu'elles visitent !

Les insectes s'occuperaient de leur progéniture

MÊME QUAND LES PARENTS SONT MORTS DE VIEILLESSE ?

L'immense majorité des femelles d'insectes pondent et meurent avant de voir à quoi ressemblent leurs jeunes. Chez ces animaux, les adultes ne vivent pas longtemps, en général le temps de se reproduire et de pondre. Les œufs sont donc placés à des endroits stratégiques où les larves trouveront rapidement leur nourriture. Par exemple, si une chenille mange de l'ortie, le papillon pondra sur cette plante précise. Les cas de soins apportés aux jeunes sont des exceptions. Parmi elles, citons les insectes sociaux : abeilles, bourdons, fourmis, guêpes, frelons, termites, etc. Et encore, ce sont surtout les sœurs qui s'occupent des larves. Parmi les insectes non sociaux, la femelle perce-oreille lèche ses œufs jusqu'à l'éclosion, ce qui les protège des maladies. Mourante, elle se laissera parfois dévorer par ses larves. Voilà une vraie mère !

Toutes les chenilles seraient végétariennes

ATTENTION LES DOIGTS !

On se représente souvent une chenille grignotant une feuille avec délectation. S'il est vrai que l'immense majorité d'entre elles sont végétariennes, il existe de nombreuses espèces carnivores, y compris dans nos campagnes. Par exemple, la larve d'un petit papillon bleu azur produit un liquide recherché par les fourmis. À la sortie de leurs œufs, ces chenilles se font conduire dans la fourmilière. En contrepartie de cette substance, les fourmis ne les dévorent pas et les nourrissent par trophallaxie (de bouche en bouche). D'autres chenilles dévorent le couvain (œufs, larves et nymphes) et leurs hôtes « ferment les yeux » tant elles raffolent de ces sécrétions. Ailleurs, des pucerons aux punaises en passant par les araignées ou les escargots, voire en capturant d'une détente des mouches en vol, les chenilles carnivores sont plus nombreuses qu'on ne le croit !

La présence d'araignées signifierait que la maison est sale

AH LES CROYANCES ARACHNOLOGIQUES…

Une toile au plafond, entre les livres de la bibliothèque ou dans le garage serait synonyme de saleté et de maison non entretenue. Certes, les araignées ne s'installent que si l'aspirateur ne passe pas régulièrement dans les recoins, mais leur présence n'est pas pour autant synonyme de malpropreté. Au contraire, les araignées tisseuses de toiles capturent des insectes volants, comme des moustiques ou des mouches, sans faire les difficiles. En revanche, inutile de laisser une vieille toile d'araignée pleine de poussière, car le fait qu'elle ne soit pas entretenue signifie que son occupante est partie ou morte.
Ces explications suffiront-elles à vous inciter à ne plus sortir l'aspirateur à la moindre toile ?

La nature serait bien faite

MÊME LE PALUDISME ?

En voyant la forme d'une orchidée ou un animal faire une chose qui nous étonne, nous avons souvent tendance à penser que la nature est « bien faite ». À ce moment-là, notre cerveau nous trompe, il ne prend pas en compte deux informations essentielles. La première est le nombre immense de choses qui sont plutôt « mal faites » : ouragans, maladies, myopie, mal de dos, hoquet, piqûres d'insectes, bébé gazelle étouffé par un lion, etc. La seconde est la quantité incroyable de données issues de l'évolution : ce que nous voyons aujourd'hui est le résultat de milliards d'essais et d'erreurs. Cela fait 4 milliards d'années que des êtres vivants mutent et se transforment, sont éliminés, disparaissent ou demeurent. Ainsi, face à un (ravissant) colibri coloré qui butine parfaitement une (magnifique) fleur, notre cerveau nous fait croire que c'est incroyable et « bien fait ». Or, il a fallu beaucoup de temps, de mutations et de hasard pour en arriver là. L'évolution a proposé et l'environnement a sélectionné. Doit-on pour autant cesser d'admirer ce spectacle ?
Au contraire !

Écraser une blatte en ferait naître plein d'autres

COMME PAR MAGIE ?

Cette idée pourrait être vraie, mais ce n'est pas le fait d'écraser une blatte qui déclenche les naissances ! Alors, comment est-ce possible ? Toutes les femelles fabriquent une espèce de capsule qui accueille les œufs : l'oothèque. Avant d'être déposée quelque part, elle est peu à peu fabriquée à l'arrière du corps, jusqu'à son achèvement. Il serait donc envisageable, mais très peu probable, d'écraser une femelle sans endommager l'oothèque presque terminée, d'oublier de la ramasser pendant près de 15 jours et de voir des jeunes en sortir, ces derniers étant tout à fait capables de se débrouiller seuls, sans leur mère. Mais cette probabilité est si faible qu'il vaut mieux classer ce scénario parmi les idées reçues et, pourquoi pas, épargner les cafards.

Les blattes ne voleraient pas

PEUT-ÊTRE LA NUIT ?

Parmi les 5000 espèces de blattes qui vivent sur Terre, beaucoup volent très bien. Celles des maisons, les « cafards », ne sont pas souvent promptes aux grandes envolées, alors qu'elles en sont capables. C'est le cas de la blatte commune, dite germanique, plutôt adaptée au repli et à la fuite. Ces insectes font d'ailleurs partie des meilleurs coureurs de leur catégorie. Le vol reste néanmoins une possibilité de déplacement, voire de rattrapage lors d'une chute, y compris chez la grosse blatte américaine que l'on rencontre lors de nos voyages ou dans les serres et égouts. Il existe quelques espèces sans ailes, dont la blatte orientale, un « cafard » très sombre et moins courant désormais.

Les bourdons seraient les mâles des abeilles

ET LE FAUX-BOURDON DU COUP ?

Non, mais il est vrai qu'une certaine confusion règne entre bourdons et faux-bourdons. Pourtant c'est assez simple : les bourdons sont des abeilles différentes de celles qui font du miel, mâles et femelles. Le faux-bourdon, lui, est le mâle de l'abeille des ruches. Il ressemble beaucoup aux ouvrières, excepté au niveau des yeux, qui sont beaucoup plus gros. On peut même le caresser, car tous les mâles abeilles sont inoffensifs !

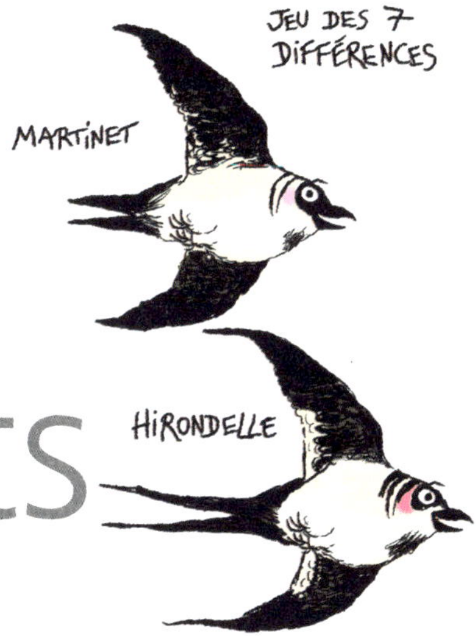

Les martinets et les hirondelles seraient les mêmes oiseaux

ET LES PINGOUINS SONT DES MANCHOTS ?

En forme de boomerangs noirs dans le ciel, il est vrai que les hirondelles et les martinets se ressemblent un peu. Mais comme les chiens et les chats, ou les pingouins et les manchots, ces oiseaux sont de familles différentes. Les martinets sont classés dans celle des apodidés et les hirondelles sont des hirundinidés. Ayant le même mode de vie, leur morphologie s'est développée de façon similaire et adaptée à la chasse des insectes dans les airs. C'est ce que l'on appelle une convergence évolutive. Alors comment les distinguer ? Les hirondelles ont le ventre blanc et les martinets le dessous noir, au moins pour les espèces les plus communes qui volent dans nos villes.

Un papillon ne vivrait qu'un jour

EST-CE UN ÉPHÉMÈRE ?

Est-ce parce que les insectes sont petits qu'ils auraient une courte vie ? Certains ne vivent guère longtemps, mais la grande diversité des espèces induit des durées de vie très variables, de 15 jours à 53 ans. Les papillons ne font pas exception : le monde accueille plus de 250 000 espèces différentes et la France près de 5 000. Tous n'ont pas la même espérance de vie. La plupart des grands papillons vivent plus ou moins 1 mois. Ceux qui passent l'hiver sous leur forme adulte vivent plus longtemps, environ 6 à 10 mois, comme c'est le cas du papillon citron. N'oublions pas que la durée de vie totale de cet insecte inclut l'œuf, la chenille, la chrysalide et l'adulte. Même si certaines espèces ne passent que quelques jours sous leur forme adulte, elles vivent plusieurs semaines ou moins depuis leur sortie de l'œuf.

TU TE SOUVIENS LE BON VIEUX TEMPS ?.. QUAND ON ÉTAIT DES CHENILLES ?...
TU TE SOUVIENS LE TRÈS VIEUX TEMPS ?... QUAND ON ÉTAIT DES ŒUFS ?...

Un produit naturel serait forcément bon

JE POURRAIS DONC MANGER UN CHAMPIGNON VÉNÉNEUX ?

On oppose souvent un produit naturel à un produit artificiel, créé en laboratoire. Le premier serait meilleur que l'autre. Pourtant, manger un champignon vénéneux ou se faire attaquer par un hippopotame est 100 % naturel, tout comme être infecté par la gale, le tétanos ou le virus Ebola. Tout cela est pourtant dangereux, voire mortel. Étrange dans ce cas de croire que tout ce qui est naturel serait bon. Il existe ainsi des produits naturels dont il faut se méfier et des substances artificielles fiables. En usant de sens critique, il est plus facile d'y voir clair au milieu de toutes ces informations et slogans qui prônent le « bien » ou le « mal », alors que la vie ne se résume pas à cela !

Les papillons auraient 2 ailes (et pas de pattes)

ATTENTION AUX ILLUSTRATIONS !

De façon presque unanime, les enfants pensent que les papillons ont 2 grandes ailes et aucune patte ! Pourtant, comme la majorité des insectes, les papillons ont bien 4 ailes et 6 pattes (il existe aussi des exceptions). Seulement, vu de haut, dans les livres ou les collections d'insectes, les ailes collées en forment 2 grandes et cachent souvent les pattes !

Les papillons de nuit ne voleraient que la nuit

ET LE PAPILLON COLIBRI ALORS ?

Diurne ou nocturne, cette classification n'a pas de réalité écologique. De nombreux papillons dits « de nuit » volent le jour. C'est le cas, par exemple, des zygènes ou de certains sphinx, tels le moro-sphinx ou le sphinx gazé, dont on remarque le vol stationnaire devant les fleurs. En revanche, tous les papillons diurnes volent bien la journée, mais ils ne sont que 250 espèces parmi les 5 000 vivant en France. Les termes exacts sont donc hétérocères ou rhopalocères… pas facile l'entomologie !

Des fourmis pourraient dévorer un homme

S'IL N'EST PAS TRÈS VIVANT, OUI !

Une légende attribue à des grandes fourmis tropicales la faculté de dévorer un homme en entier sur leur passage. Ces fourmis légionnaires, ou magnans, sont, il est vrai, si nombreuses parfois qu'elles suscitent les récits les plus extravagants ! Des millions d'individus chassent en s'étalant partout, en immenses nappes, et inspectent tout ce qui se trouve autour d'eux, y compris les branches basses des arbustes. Une telle stratégie laisse peu de chance aux petits animaux qui vivent au sol, sur des dizaines de mètres carrés. En revanche, un homme surpris par ces fourmis ne subit que quelques morsures le temps de sortir de la nappe. Les magnans sont donc incapables de dévorer un être humain vivant. En revanche, un cadavre, y compris d'un gros mammifère, est réduit à l'état de squelette en un temps record !

Les insectes auraient toujours 6 pattes

MÊME LE PAON DU JOUR ?

Si l'on sait que l'une des caractéristiques des insectes adultes est la présence de 6 pattes (voir *Toutes les bêtises sur la nature*, Delachaux et Niestlé, 2010), ni plus ni moins, quoi de plus normal que de penser que les papillons, qui sont des insectes, en ont bien 6 ? Pourtant, l'évolution a peu à peu atrophié les pattes avant des papillons nymphalidés, au point de devenir minuscules et impropres à la marche. Ces derniers n'ont donc que 4 pattes fonctionnelles sur lesquelles ils se posent. Ils sont communs autour de nous, comme le paon du jour. Regardez bien !

La cigale crierait famine après avoir chanté par oisiveté

LES FABLES PORTENT BIEN LEUR NOM !

Une fable du célèbre Jean de La Fontaine ne se moque-t-elle pas du fait que la cigale a chanté tout l'été sans faire de réserves ? Ah, les fables, elles portent bien leur nom ! Précisons d'abord que la cigale n'est pas carnivore. Elle n'a rien à faire d'un « vermisseau » ou autre « mouche », elle ne suce que la sève des plantes. Ensuite, si elle chante, ce n'est pas par oisiveté ; au contraire, elle séduit et marque son territoire. Enfin, après avoir pondu et rempli sa mission d'adulte, elle meurt avant l'hiver, comme beaucoup insectes. Ce sont ses larves qui lui survivent, au ralenti, sous terre, à l'abri et avec de la nourriture : les racines des plantes. Oisive, notre cigale ? Au contraire, elle a rempli sa mission et se moque de constituer des réserves. La fourmi de La Fontaine voudrait-elle que les journées d'été du Midi soient mornes et silencieuses ? C'est à se demander !

Les papillons ne voleraient pas en hiver

ET S'IL Y A DU SOLEIL ?

Les papillons qui hivernent sous leur forme adulte peuvent, s'il y a un chaud rayon de soleil, sortir de leur cachette et aller manger ou boire. En plein mois de janvier, il est donc possible de croiser un papillon ou d'autres insectes dans le même cas. Le reste du temps, ils sont cachés à l'abri du vent et des intempéries, dans des troncs creux, des anfractuosités, voire dans nos greniers ou cabanes de jardin. C'est le cas du paon du jour, du citron, du souci, du morio, etc. Une météo clémente peut ainsi les sortir de leur état de diapause, sorte de ralentissement du métabolisme indispensable en hiver. Les papillons adultes ne sont pas très nombreux en hiver. Certains partent en migration et les autres sont encore au stage d'œufs, de chenilles ou de chrysalides. Dans ce cas, même si le soleil chauffe, impossible de voler !

Les coccinelles ne mordraient pas

ALORS, ÉVITEZ LES PLAGES !

Parmi les insectes appréciés, la coccinelle arrive souvent en tête. Pourtant, c'est un prédateur redoutable de pucerons et elle peut mordre les humains ! Il est possible que cela se produise après un vol migratoire d'été, lorsque les insectes s'envolent en grand nombre vers un autre lieu. Un fort vent dominant les entraîne parfois assez loin et dans des lieux insolites comme une plage. C'est ici que la brise marine, due à la différence thermique entre la mer et la terre, les fait chuter sur les vacanciers en maillots de bain. Affamés et déshydratés, ils sont capables de mordiller les parties nues de notre peau, à la recherche de sueur. Alors, sympas les coccinelles ?

Toutes les coccinelles mangeraient des pucerons

ET ELLES SONT TOUTES ROUGES ?

À en croire les jardiniers, toutes les coccinelles mangeraient des pucerons. Certes, les plus communes (à 7 points, à 2 points ou « asiatiques ») sont plutôt carnivores et s'attaquent à différentes proies comme des cochenilles ou des pucerons. Pourtant, la centaine d'espèces de coccinelles françaises font des repas plus variés, voire végétariens. Certaines sont même classées parmi les « indésirables » tant elles ne se privent pas de grignoter nos cultures. Autour de nous, la petite coccinelle jaune à 22 points se nourrit presque exclusivement d'un microchampignon appelé rouille.

AU BON PUCERO
RESTAURANT

Les coccinelles passeraient l'hiver dans les maisons

AURAIENT-ELLES FROID ?

À la fin de l'été, il n'est pas rare de trouver des coccinelles dans nos maisons, parfois en grande quantité. Est-ce parce qu'elles apprécient notre compagnie ou qu'elles cherchent un abri ? Il semble que ce soit plutôt cette seconde raison qui les fait entrer par une fenêtre ou une fissure. Pour une coccinelle, notre maison ressemble à une grotte idéale où passer l'hiver. Seulement, la chaleur qui y règne les empêche d'entrer en hivernation, c'est-à-dire de ralentir leur métabolisme (diapause) qui leur permet de survivre sans bouger, ni manger. Sans ce froid, les coccinelles épuiseront leurs réserves et mourront avant le printemps. Le mieux est donc de les remettre dehors, où elles trouveront un abri plus approprié. Pourquoi ne pas fabriquer votre propre abri à coccinelles (voir sur Internet) ?

Certains animaux ou plantes seraient envahissants

ET PAS LE MAÏS ?

Dans notre pays, une espèce animale ou végétale qui est sauvage et libre, ça ne plaît jamais beaucoup et c'est pire si elle vient d'ailleurs ! En revanche, lorsqu'elle est à peu près maîtrisée, nous lui offrons toutes nos terres. C'est le cas de quasiment tout ce que nous plantons et mangeons, des végétaux ou animaux : maïs (originaire du Mexique), tomate (Amérique), faisan (Asie), citron (Asie), vache (Moyen-Orient), pomme de terre (Amérique), blé (Iran, Syrie…), etc. Lorsque nous traversons la France, il est facile de remarquer que nos paysages sont remplis de toutes ces espèces qui viennent d'ailleurs. Ainsi, lorsque cela nous plaît, nous leur offrons beaucoup d'espace et lorsqu'elles sont sauvages et libres, nous tentons de les détruire. Notre obsession de la maîtrise du vivant nous fait oublier que notre jugement n'est jamais très objectif avec ces êtres vivants !

Les courtilières seraient mauvaises pour le jardin

COMME LES TAUPES ?

Mais qu'est-ce qu'une courtilière ? C'est vrai qu'elle est devenue rare et que seuls les jardiniers d'un certain âge la connaissent. Elle est aussi surnommée taupe-grillon ou grillon-taupe tant sa ressemblance avec le mammifère est saisissante. La courtilière est adaptée à la vie dans une galerie souterraine. Voilà pourquoi elle possède, comme la taupe, d'énormes pattes fouisseuses. Si elle mange un peu de tout, y compris des larves d'insectes, elle garde une mauvaise réputation car il lui arrive de grignoter quelques racines ou de les abîmer en creusant. Pourtant, en dévorant des larves d'insectes que les humains n'apprécient pas toujours, elle devrait nous être sympathique. C'est le cas des jardiniers accueillants et bienveillants !

Les cousins seraient des faucheux

ET LES SCOLOPENDRES DES CREVETTES ?

Faucheux ou cousin, ils sont souvent confondus. La différence est pourtant très simple : le cousin a des ailes et le faucheux n'en a pas. Le premier appartient au groupe des insectes, avec des ailes et 6 pattes, et l'autre à celui des arachnides, sans ailes et à 8 pattes. Leurs mœurs sont aussi très différentes. Le cousin vole et butine les fleurs lorsque le faucheux marche lentement à la recherche de proies ou d'autres aliments variés.

Les éphémères ne vivraient pas longtemps

EST-CE QUE 3 ANS C'EST ÉPHÉMÈRE ?

Le mot éphémère vient du grec « qui dure un jour ». Avec un nom pareil, comment ne pas se laisser abuser sur la durée de vie de cet insecte ? Pourtant, cette appellation est trompeuse car elle ne concerne que la durée de vie des adultes, allant de quelques heures à environ 8 jours. Avant de prendre cette forme ailée, les larves d'éphémères vivent plusieurs mois et parfois plus de 3 ans sous l'eau, avant d'en sortir pour se métamorphoser. Éphémères les éphémères ?

Les crocodiles seraient des reptiles

LES OISEAUX AURAIENT DES DENTS, ALORS ?

Si, dans le langage courant, le nom de « reptile » continue de s'employer, il est désormais exclu de l'enseignement. C'est en partie à cause des crocodiles qui sont désormais reconnus comme les plus proches parents des oiseaux, et non des serpents ou lézards ! Autrement dit, l'ancêtre commun des crocodiles et des oiseaux est plus récent que celui des tortues, serpents ou lézards. Voilà pourquoi la notion de « reptile » est devenue périmée, sinon il faudrait aussi y englober les oiseaux ! Ce sont des choses qui arrivent régulièrement dans le monde de la classification des êtres vivants, au fur et à mesure des avancées scientifiques. Désormais, pour désigner correctement un lézard, on utilisera plutôt le nom de lépidosaurien. Pour une tortue, celui de chélonien. Pour les oiseaux et les crocodiles, ce sera archosauriens. Jusqu'à de nouvelles découvertes !

LES REPTILES
HEY! MOI AUSSI JE SUIS DANS VOTRE ÉQUIPE!!!
11
5

Les escargots et les limaces seraient végétariens

DES LIMACES CARNIVORES SONT PARMI NOUS…

Les amoureux de jardinage seront sans doute surpris d'apprendre que l'un de leurs mal-aimés est parfois carnivore. Les animaux qui avancent avec le ventre, les gastéropodes (autrement appelés escargots et limaces), sont pour la plupart végétariens. Feuilles, tiges, fruits, graines, champignons, lichens ou encore matières organiques en décomposition sont à leur menu. Leur allure paisible nous empêche de les imaginer en train de chasser, glissant à la poursuite d'une proie ! Il existe pourtant de grandes limaces, les testacelles, capables de « poursuivre » des vers de terre dans leur galerie pour les dévorer. Discrètes, elles vivent principalement sous terre, avec leur minuscule coquille accrochée à l'arrière du corps. Des limaces de montagne sont également carnivores. De petits escargots mangent parfois d'autres mollusques ou leurs œufs. Le grand escargot de Bourgogne lui-même est tout à fait capable de dévorer des œufs de limaces ou d'escargots, devenant ainsi un allié inattendu du jardinier !

Les fourmis élèveraient les pucerons

COMME L'HOMME LES VACHES ?

Ceux qui connaissent les pucerons savent que les fourmis les gardent et les protègent. Pourquoi donc ? Eh bien elles raffolent du miellat, leurs crottes sucrées. Pas de panique, il s'agit d'une goutte de sucre délicieuse ! Seulement, par définition, élever implique de nombreuses attentions, dont celle de nourrir. Or, les fourmis ne nourrissent pas les pucerons qui sucent tout seuls la sève des plantes. On dit aussi qu'elles « traient » ces animaux, comme nous des vaches. En fait, elles stimulent la sortie du miellat en les titillant avec leurs antennes. Notons que la protection des fourmis peut aller au point que certaines espèces construisent un abri de terre autour d'une colonie de pucerons, telle une étable.

Les guêpes seraient jaune et noir

NE DITES PAS CELA À LA GUÊPE DORÉE !

Il existe bien des guêpes jaune et noir, comme celles qui s'invitent à notre table et que l'on confond parfois avec leurs cousines abeilles. Seulement, ce sont quasiment les seules que nous connaissons. Or, pour un spécialiste des insectes, le monde des guêpes est bien plus vaste et accueille environ 7 000 espèces différentes en France ! Seules 20 d'entre elles vivent en société dans de grands nids. Les autres construisent de petits abris discrets et ne s'approchent quasiment jamais de nous. Elles ont des formes et des couleurs variées. Minuscules ou massives, noires, vertes, bleues, rouges ou dorées, elles sont très diverses ! Certaines ont une taille immense, tel un long fil entre le thorax et l'abdomen. D'autres, comme les guêpes dorées, ont des couleurs métalliques et s'aventurent jusque dans nos jardins. Certaines ont des larves végétariennes qui ressemblent à des chenilles de papillons.
Proches cousines des guêpes, les abeilles sont représentées par environ 1 000 espèces en France, dont une seule fabrique du miel. Quant à leurs cousines fourmis, environ 200 espèces vivent autour de nous. Le monde de ces insectes appelés hyménoptères est bien vaste !

Les poissons rouges auraient une petite mémoire

PLUSIEURS MOIS, C'EST PETIT ?

Il suffit d'entendre « Tu as vraiment une mémoire de poisson rouge ! » et nous voilà catalogué parmi les gens qui ont peu de mémoire. Pourquoi ces animaux auraient-ils moins de souvenirs que les autres ? L'origine de cette croyance ne viendrait-elle pas des vendeurs de poissons rouges ? Ils auraient ainsi créé ce dicton pour faire croire aux acheteurs que les animaux n'allaient pas s'ennuyer toute leur vie dans un petit bocal rond. Ainsi, en quelques minutes, ils oublieraient leur triste sort… Depuis, de nombreuses expériences ont montré que c'est archifaux ! Ces poissons, et les autres, se souviennent de nombreuses choses, y compris d'événements très précis, comme un son qui signale de la nourriture, plusieurs mois après. En tout cas, ils ont suffisamment de mémoire pour se repérer, se nourrir, se reproduire, etc. Les scientifiques en apprennent chaque jour davantage sur les grandes facultés des poissons… bleus, verts ou rouges !

Il ferait froid en hiver parce que le Soleil serait plus loin

ON NE TOURNE PAS ROND OU L'ON S'INCLINE ?

En hiver, la Terre est-elle plus éloignée du Soleil qu'en été ? En réalité, elle est plus proche ! Le parcours de notre planète autour de son étoile n'est en effet pas totalement circulaire : il est un peu ovale, ou plus précisément elliptique. Ainsi, au cours de l'année, on est plus ou moins éloigné du Soleil de 5 millions de kilomètres. Aussi grande soit-elle, cette distance ne suffit cependant pas à nous réchauffer ou nous refroidir. C'est l'inclinaison de la Terre qui crée ces différences de températures ou nous refroidir. En été, les rayons du Soleil arrivent plus directement au-dessus de l'Europe, alors qu'en hiver, ils traversent l'atmosphère de manière oblique. Ils sont donc moins efficaces pour chauffer le sol. Pourtant, en janvier, nous sommes plus proches du Soleil qu'en juillet, à 147 millions de kilomètres !

BONJOUR MADEMOIS......
NON! C'EST MONSIEUR !!!

Les libellules « demoiselles » seraient des femelles

IL N'Y AURAIT PAS DE DAMOISEAUX ?

Les libellules sont appelées odonates par les scientifiques. Deux grands groupes les composent : les anisoptères et les zygoptères. Le premier rassemble les grandes libellules, bleues, vertes ou rouges, qui placent leurs ailes à plat au-dessus de leur corps lorsqu'elles sont posées. Les zygoptères, eux, sont souvent plus petits, fins et plaquent leurs ailes au-dessus d'eux. Ce sont eux que l'on nomme des « demoiselles », mais heureusement pour cette espèce, elle compte bien des mâles et des femelles !

Les mantes religieuses seraient

PARCE QU'ELLES CULPABILISERAIENT ?

Les « mains » jointes, les mantes prient-elles ? Ou cachent-elles leur visage telles des pécheresses comme le veut une légende ? Cet insecte aurait donc tout d'une religieuse ! Savez-vous qu'il pratique le cannibalisme sur les femelles et les mâles de son espèce, y compris pendant l'accouplement ? Certes ce n'est pas tous les jours et la plupart du temps ses larges pattes antérieures lui servent à capturer des mouches ou des guêpes en vol, d'une seule détente. Quant aux mâles, ils ne sont pas toujours dévorés… (voir *Toutes les bêtises sur la nature*, Delachaux et Niestlé, 2010).

Seules les abeilles des ruches polliniseraient les fleurs

ET LES GUÊPES, ALORS ?

Dans le pollen se forment les spermatozoïdes. En le transportant d'une fleur à l'autre, les insectes permettent aux fleurs femelles d'être fécondées et de produire des fruits, remplis de graines. Sans eux, presque toutes les plantes avec des fleurs disparaitraient de la surface de la Terre. L'abeille domestique n'est cependant pas la seule à les polliniser, loin de là. En France, presque 1 000 espèces d'abeilles sauvages, dont les bourdons, butinent en compagnie des mouches, guêpes, frelons, papillons, punaises, coléoptères, etc. En tout, bien plus de 10 000 espèces d'insectes différentes pollinisent les fleurs. Même les « mouches à merde » ? Oui !

Les fourmis volantes seraient une espèce à part

IL N'Y A PAS QUE DES OUVRIÈRES DANS UNE FOURMILIÈRE !

Le nid produit aussi des reines et des mâles, une seule fois par an. Leur taille et leurs ailes nous font croire que ce sont des insectes d'une autre espèce, alors que ce sont les individus sexués de la fourmilière du jardin. En général, lors d'une chaude journée, ces grandes fourmis équipées de 4 ailes envahissent le ciel et les herbes. Assez différentes de leurs sœurs sans ailes que l'on voit toute l'année, on a du mal à penser qu'il s'agit de la même famille. Les ailes leur servent au vol nuptial, au cours duquel les mâles s'accouplent avec les femelles. Ensuite, chaque nouvelle reine s'envolera et fondera sa propre fourmilière, ailleurs, avant de se séparer de ses ailes dont elle n'aura plus l'utilité.

Les mille-pattes auraient 1 000 pattes

COMME LEUR NOM L'INDIQUE ?

Combien de pattes ont les mille-pattes ? Quelle drôle de question, c'est un peu comme de demander « quelle est la couleur du cheval blanc d'Henri IV ? ». Pourtant, cette interrogation est pertinente, car ces animaux n'ont jamais 1 000 pattes ! Le nombre de membres est très variable chez les myriapodes, dont le nom signifie « beaucoup de pieds ». Si les insectes, eux, ont 6 pattes, les mille-pattes en ont entre 16 et 752 pour la femelle d'une espèce californienne. Les myriapodes sont nombreux sur Terre, allant des iules, lents et végétariens, aux scolopendres, rapides et carnassières. Les Anglais sont plus précis, puisqu'ils divisent cette famille en *millipede* et *centipede*. Seulement, traduit en français, « 100 pattes » se prononce « sans pattes », ce qui serait trop vexant pour un mille-pattes !

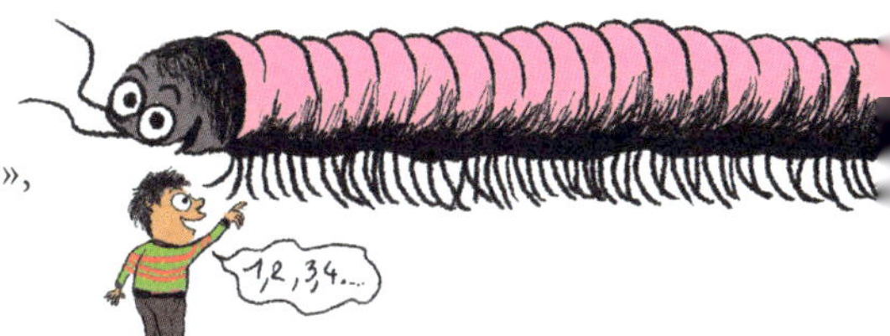

Un moucheron serait un « bébé » mouche

ATTENTION SI CERTAINS SONT SUSCEPTIBLES !

Les jeunes mouches – les larves – sont les asticots, de petits vers qui grandissent en muant. Comme tous les insectes, une fois adultes, les mouches et les moucherons ont des ailes et ne changent plus. Couleur, taille, forme…, tout est définitif à ce stade. Un moucheron est donc un adulte d'une petite espèce de mouche, jamais un « bébé mouche ».

Les moustiques préféreraient les peaux sucrées

C'EST DÉCIDÉ, J'ARRÊTE LES BONBONS !

Voilà une idée qui peut nous hanter toutes les nuits de printemps, d'été et d'automne ! Pourquoi certaines personnes se font-elles plus piquer par les moustiques ? Les hypothèses sont nombreuses et chacun a la sienne : c'est mon parfum, ma peau sucrée, mon alimentation, mon groupe sanguin, etc. ! Les véritables attirances des femelles moustiques sont d'abord liées à leur espèce. Toutes n'ont pas les mêmes préférences et il existe environ 3 000 espèces de moustiques dans le monde, dont plus de 60 en France ! Ensuite, c'est surtout notre sueur et autres odeurs corporelles qui les attirent, dues aux micro-organismes qui vivent sur notre peau, comme les bactéries ou les champignons. Les femelles ont donc des préférences parmi ces microbiotes cutanés, autrement dit notre odeur de peau. Elles choisissent peut-être aussi la personne qui bouge le moins, la surface de peau à leur portée ou comprenant moins de poils. Tous ces éléments sont à prendre en compte. Pas facile pour les scientifiques ! En tout cas, ce n'est pas la lumière qui les attire (voir *Toutes les bêtises sur la nature*, Delachaux et Niestlé, 2010) ! Conclusion, nous avons bien une « peau à moustiques » ou non, mais inutile de changer de parfum !

Les araignées rentreraient dans les maisons en hiver

ELLES ATTENDRAIENT LE BON MOMENT DERRIÈRE LA FENÊTRE ?

Comment les araignées entrent-elles dans la maison ? Parfois elles voyagent dans un meuble ou des bûches. D'autres fois, jeunes et petites, elles recherchent un lieu idéal et peuvent se faufiler par une fissure, sous une vieille porte ou le long d'une canalisation (mais pas dedans !). En revanche, les grosses araignées que l'on voit marcher sur la couette ou prisonnières de l'évier à la fin de l'été sont généralement des mâles déjà installés chez nous. C'est la période des amours et monsieur quitte sa toile à la recherche d'une dame. Sa grande taille se fait remarquer et notre cerveau associe à tort sa présence à la météo et non à son cycle de reproduction. On a du mal à imaginer qu'il était déjà caché quelque part. Pour un adepte du ménage, c'est presque inconcevable. Ces grandes araignées, appelées tégénaires, survivent aux endroits épargnés par nos aspirateurs. Deux options s'offrent à vous. La première consiste à capturer l'animal et le mettre dehors. La deuxième est simplement de le laisser chez lui, c'est-à-dire chez vous ! Mangeur de bestioles discret et inoffensif, votre maison vous remerciera (voir *Toutes les bêtises sur la nature*, Delachaux et Niestlé, 2010).

Les perce-oreilles perceraient les oreilles

POUR Y PLACER DES BOUCLES ?

Il est tentant de penser que la forme des pinces situées à l'arrière de leur corps évoque l'instrument de bijoutier destiné à percer le lobe des oreilles. Mais tous ses noms, anglais *(earwig)*, allemand *(ohrwürmer)* ou français (pince-oreille, cure-oreille), insistent plutôt sur le mot « oreille ». Cet organe en forme de cavité rappellerait l'habitude de cet insecte de se réfugier dans des abris divers, comme les fleurs, vieux murs, écorces ou mousse. Nos oreilles seraient-elles un abri potentiel, lorsque l'on fait la sieste dans l'herbe par exemple ? Peut-être, d'autant plus qu'une légende prétend que le perce-oreille en découpe le fond et entre pour pondre dans notre cerveau. Brrr !

Les ragondins seraient « nuisibles »

MÊME CELUI DE LA RIVIÈRE EN BAS DE CHEZ MOI ?

Ce gros mammifère aux longues dents orange a été importé d'Amérique au XIXe siècle. Sa peau nous servait à fabriquer des manteaux de fourrure. Évadé ou relâché de ces élevages, il s'est ensuite installé où il a pu. Ses gros terriers causent parfois l'effondrement des rives, voilà pourquoi les humains ne l'apprécient guère. Seulement, nous avons une fâcheuse tendance à mettre tous les animaux dans le même panier. Il est plus facile de dire « les ragondins sont nuisibles », plutôt que d'identifier le ou les individus qui nous ennuient. Tous les ragondins ne nous dérangent pas ! Alors pourquoi les accuser de nuisances ? De la même façon, tous les rats, tous les renards, toutes les corneilles ou toutes les guêpes ne nous gênent pas, loin de là ! Seuls quelques individus, parfois, à tel endroit et dans telle condition peuvent poser problème. Ne serait-il pas plus juste de ne pas faire de généralités ? N'oublions jamais que l'immense majorité des ragondins ne nous ennuient pas personnellement et apportent de la vie dans nos campagnes !

Les requins seraient des poissons

ET LES OISEAUX, DES MAMMIFÈRES ?

Si les requins sont des poissons, ou l'inverse, cela voudrait dire que les oiseaux, nous et plein d'autres animaux le sont également ! Comment est-ce possible ? Au fur et à mesure de leurs recherches, les scientifiques se sont rendus compte que les requins étaient des animaux très éloignés des poissons, d'un point de vue morphologique et génétique ; si éloignés que les humains sont plus proches d'un saumon que ce dernier l'est d'un requin ! Cela signifie que l'ancêtre commun entre saumons et requins est plus vieux que celui entre saumons et humains. Désormais, la notion de « poisson » est donc davantage valable pour les poissonneries que les cours de science, car tous les animaux que nous continuons à appeler « poissons » n'appartiennent pas à la même famille généalogique. Désormais, si vous souhaitez du saumon, il est plus juste de demander à votre poissonnier une part d'actinoptérygien. Et si vous souhaitez du requin ou de la raie, commandez donc une part de chondrichtyen. Bonne chance !

Le miel serait un produit naturel

ET SA CHIMIE DE SYNTHÈSE, ALORS ?

La définition de « naturel » n'est jamais très précise, et c'est bien pour cela que cette notion n'a pas beaucoup de sens. Dans la plupart des cas, cela signifie qu'aucun être humain n'est intervenu. Pourtant, un produit que l'on qualifie de « naturel » est souvent encadré ou domestiqué par l'homme, comme une carotte ou une vache. Bizarre. Ce qui ne serait vraiment pas « naturel » serait un produit fabriqué dans un laboratoire, comme des molécules dites de « chimie de synthèse ». Que dire alors du miel qui contient de la chimie de synthèse réalisée par les abeilles ? À partir du nectar des fleurs, de leur salive et de nombreuses régurgitations, ces insectes synthétisent des sucres et en créent de nouveaux. Le miel est donc bien un produit artificiel… fabriqué par des abeilles. Mais ces animaux sont naturels… et l'homme aussi d'ailleurs… bref, c'est à n'y rien comprendre !

Les insectes ne voleraient pas très loin

PARCE QUE 18 000 KILOMÈTRES, C'EST PRÈS ?

De nombreux insectes se déplacent beaucoup, parfois très loin. Des libellules près de leur mare ou des abeilles domestiques autour de leur ruche peuvent parcourir plusieurs kilomètres. D'autres couvrent des centaines, voire des milliers de kilomètres, à la recherche d'autres territoires (on dit qu'ils colonisent) ou de meilleures conditions de vie (on dit qu'ils migrent). La migration suppose un retour dans le pays d'origine, comme c'est le cas pour les oiseaux, les anguilles ou encore les tortues. Chez les insectes, se sont les descendants qui font ce voyage retour. Un cas célèbre est celui du papillon Monarque qui voyage entre le Canada et le Mexique. Ses allers-retours représentent des milliers de kilomètres, en plusieurs générations de papillons. Il est loin d'être le seul à voyager autant. En Europe, chaque année, de nombreux insectes arrivent d'Afrique, comme les papillons vulcain, les flambés ou les sphinx. Certains individus, comme ceux de la belle-dame, peuvent voler plus de 5 000 kilomètres, d'Afrique en Europe, et vice-versa, en compagnie de libellules. Le record mondial est d'ailleurs attribué à une libellule qui parcourt jusqu'à 18 000 kilomètres, depuis l'Inde en passant par l'Afrique. Plusieurs générations de cette libellule nommée plantale globe-trotteur se succèdent jusqu'à revenir au point de départ. Avec ces libellules et papillons, des punaises, pucerons, scarabées ou guêpes sont souvent du voyage !

Les dinosaures auraient disparu

PARCE QU'IL N'Y A PAS DE ROUGE-GORGE DANS LE JARDIN ?

Oui, les oiseaux sont des dinosaures. Ils sont tous issus d'une branche qui continue à évoluer sur Terre. Les autres grands et gros « lézards terribles » (traduction de dinosaure) sont éteints, sauf si vous avez croisé un tyrannosaure dans les bois récemment. Au cours des différentes fouilles, les scientifiques ont découvert des restes de plumes à côté de squelettes de dinosaures. Aujourd'hui, on compte au moins 30 espèces de dinosaures à plumes. Petit à petit, il est devenu évident qu'une partie d'entre eux était toujours vivante : les oiseaux. Un rouge-gorge ou une poule sont donc incontestablement des dinosaures, plus précisément des théropodes ayant un ancêtre commun avec les diplodocus. Les enfants mangent ainsi leurs animaux préférés en nuggets !

Les produits chimiques seraient mauvais

ET UNE FRAISE, CE N'EST PAS BON ?

Tout est chimique ! Comme nous l'avons tous appris à l'école, une fraise et un humain sont bien de composition chimique, c'est-à-dire constitués d'atomes : carbone, fer, magnésium, etc. L'eau est un produit chimique indispensable ! Dans le langage courant, on désigne par « produit chimique » un ingrédient fabriqué par l'homme en laboratoire. Il serait dans ce cas plus juste de parler d'un produit de « synthèse chimique » à opposer à « naturel ». Tous les deux peuvent être bons ou mauvais. Par exemple, un champignon vénéneux est un produit chimique naturel plus dangereux que de nombreux ingrédients synthétiques que nous utilisons tous les jours : aspirine, vitamine B, etc. Alors, vive la bonne chimie, quelle qu'elle soit !

TU NE TE SERAIS PAS TROMPÉE D'ADRESSE… PAR HASARD ?…

Il n'y aurait pas de méduses d'eau douce

ET *CRASPEDACUSTA* ALORS ?

Comme d'autres animaux, les méduses sont associées à l'eau de mer et moins à celle d'eau douce, comme les mares, lacs ou rivières. Difficile de croire que l'on va rencontrer cette espèce en allant se baigner dans un étang en été. Pourtant, d'une largeur de 2 cm environ, une méduse d'eau douce appelée *Craspedacusta sowerbyi* est présente un peu partout. Elle préfère les lacs et étangs aux rivières agitées. Grâce à environ 400 tentacules, elle capture de petites proies, comme des crustacées ou du zooplancton. Originaire des rivières de Chine, elle a été transportée dans divers endroits du monde par accident avec des plantes d'ornement appréciées des humains, comme de grands nénuphars décoratifs.

Il existerait un propre de l'homme

ET LES AUTRES ANIMAUX SERAIENT SALES ?

Ce que nous appelons le « propre de l'homme » serait quelque chose d'unique et de spécifique à notre espèce. Quelque chose que les autres animaux n'ont ou ne font pas. Cette idée date de l'époque à laquelle on croyait que l'homme était supérieur et très différent des autres mammifères, voire qu'il n'était pas un animal ou créé par une entité divine. Depuis, la science a désacralisé ce fameux propre de l'homme. Les autres animaux ont aussi des cultures, un langage, des outils, etc. On sait que certains font de la politique, transmettent des comportements à leurs enfants, qu'ils pleurent, rient ou tombent amoureux. Et l'on se rend de plus en plus compte que les plantes ont de grandes similitudes avec nous. Pour être plus actuel et neutre, il suffit de dire que chaque espèce a des particularités qui lui sont propres. Nous sommes donc tous égaux et tous différents !

Les insectes seraient le steak de l'avenir

ET ENSUITE, LES ACARIENS ?

Les humains mangent des insectes depuis toujours, comme de nombreux autres primates. Cette habitude alimentaire perdure plus ou moins pour environ 5 milliards de personnes réparties principalement en Amérique, Afrique, Asie et Australie. Depuis quelques années, cette habitude culinaire deviendrait une piste d'alimentation « écologique » pour les humains qui n'en mangent pas. Elle remplacerait la viande de bœuf, grasse et peu compatible avec certains problèmes environnementaux : pollution, déforestation, consommation d'eau, émissions de gaz à effet de serre, etc. Les insectes ont l'avantage d'être riches en protéines, moins gras et faciles à élever en grandes quantités sur des espaces beaucoup plus restreints que ceux nécessaires aux vaches. Alors sont-ils un aliment parfait ? Certains le pensent, au moins dans cette transition vers un avenir plus écologique. Pourtant, si nous commençons à élever en masse des insectes, ne risque-t-on pas de reproduire ce que nous avons fait avec les autres animaux : élevages intensifs, polluants et peu respectueux du vivant ? Il semble que notre obsession du « steak » nous empêche d'envisager un monde plus végétal, bienveillant et parcimonieux. Plus de plantes et moins d'animaux ? Chiche !

La Lune et les astres permettraient de mieux jardiner

GARE À LA BROUETTE À CÔTÉ DES TOMATES !

Certains jardiniers pensent que la Lune, et parfois d'autres astres ou constellations, facilitent la croissance des plantes en attirant leur sève ou en les éclairant. Si la Lune attire très légèrement la masse gigantesque des océans et provoque les marées (aidée par le Soleil et la rotation de la Terre), attire-t-elle quelques milligrammes de sève ? Il suffit d'utiliser la formule de calcul de la force de gravitation et l'on s'aperçoit vite que la brouette posée à côté des tomates les attire bien plus que la Lune, même si cette dernière est « pleine » ! Ne parlons pas de Jupiter ou de Saturne, situés à plus ou moins un milliard de kilomètres, ni des constellations issues de notre imagination (Scorpion, Poisson, etc.). De la même façon, la lumière de la pleine Lune est 500 000 fois plus faible que celle du Soleil, donc inefficace. De nombreuses croyances ancestrales concernent le ciel. Des hommes qui se transforment en loups-garous aux accouchements prématurés, on prête bien des pouvoirs à la Lune qui se sont avérés faux ou sans preuve sérieuse. Lorsqu'on travaille la terre, du potager à la vigne, le sentiment de vivre au rythme de la nature et de ses éléments est très fort. Alors, nos idées s'emmêlent un peu, on perd notre sens critique et on se laisse aller à croire des histoires à dormir debout.

Les insectes ne seraient pas des animaux

ALORS, CE SONT DES PLANTES ?

Nous avons parfois du mal, surtout les enfants, à envisager les insectes comme des animaux, c'est-à-dire des êtres comme nous, mobiles et autonomes. Petits et pleins de pattes, ils semblent très différents, voire robotiques ou extraterrestres. Pourtant, en sortant une simple loupe, on remarque vite leur tête, leurs yeux, leur bouche, leurs mouvements respiratoires, leur agilité, etc. Ils sont finalement assez proches de nous en comparaison avec l'immense majorité des autres organismes qui vivent sur Terre. Notre ancêtre commun aurait 600 millions d'années, alors que celui de tous les êtres vivants sur Terre est apparu il y a plus de 4 milliards d'années !

Seul l'homme serait bipède

ET LES MÉSANGES, ALORS ?

On attribuait parfois à l'homme la particularité d'être bipède, c'est-à-dire de savoir marcher sur deux pattes. Mais comment peut-on oublier les milliers d'espèces d'oiseaux ? La bipédie temporaire existe aussi chez d'autres animaux, comme les ours ou les lézards. Les oiseaux seraient par ailleurs plus doués que nous pour cette locomotion, car ils ne semblent pas affectés par des problèmes de dos !

Les insectes seraient nombreux et partout

CONNAISSEZ-VOUS LE SYNDROME DU PARE-BRISE ?

On a vite l'impression, en voyant quelques mouches et guêpes voler ou en surprenant des fourmis dans la cuisine, que les insectes sont nombreux et partout. S'ils occupent une large place sur Terre, à la fois en quantité d'espèces (plusieurs millions) et d'individus (au moins un milliard de milliards), leur disparition et diminution sont enclenchées et s'accélèrent. Les études le montrent : on a compté à divers endroits des diminutions de 30 % à près de 80 % des quantités d'insectes, depuis quelques décennies seulement. Cette régression rapide et massive est parfois appelée le « syndrome du pare-brise ». Avant, en voiture, nous étions obligés de nous arrêter régulièrement pour nettoyer le pare-brise, tant il y avait d'insectes écrasés dessus. Aujourd'hui, lorsque l'un d'eux s'écrase sur le pare-brise on est presque étonné !
Si, certaines espèces dites « communes » profitent de nos aménagements en étant plus nombreuses qu'avant – gendarmes, fourmis des jardins, guêpes sociales, coccinelles, etc. – cela ne doit pas nous faire oublier que l'immense majorité des autres espèces diminuent, voire disparaissent. Les insectes, en général, sont donc moins nombreux !

ATTENTION! UN INSECTE!!!

Les araignées pondraient sous la peau

AH LES LÉGENDES URBAINES !

Inutile d'aller plus loin, c'est au-delà d'une idée reçue, cela s'appelle une « légende urbaine », c'est donc archifaux ! Si certains insectes ou acariens (gale) peuvent le faire, plutôt sous les tropiques, les araignées en sont incapables ! Mais les araignées sont tellement mal-aimées que la moindre histoire qui les rend encore moins sympathiques est souvent acceptée sans vérifier si elle est vraie…

L'orvet serait un serpent

ET LE SEPS UN LEZPENT ?

Si vous randonnez en compagnie d'un spécialiste des « reptiles » et que vous rencontrez un orvet, celui-ci aime bien rappeler que ce n'est pas un serpent, mais un lézard. Pourtant, avec son corps allongé et son absence de pattes, c'est difficile à croire. Au fil du temps, l'évolution a supprimé les membres de cet animal, ce qui lui permet de s'enfouir dans le sol, où il s'abrite et hiverne. Cela dit, ce n'est pas si extraordinaire puisque les lézards et les serpents sont assez proches. Ils sont tous deux des squamates, c'est-à-dire des animaux avec des écailles. Il existe d'autres lézards serpentiformes et rampants, les seps, avec des pattes si petites qu'elles ne leur permettent pas de marcher !

IL N'A PEUT-ÊTRE PAS DE BRAS, MAIS ARRÊTE DE TE MOQUER DE TON COUSIN !

Les huîtres seraient des produits naturels et terroir

AU PÉTROLE ET À LA BIOTECHNOLOGIE, C'EST NATUREL ?

En mangeant des huîtres, nous avons l'impression de déguster un produit du terroir et naturel. Est-ce bien le cas ? Pour commencer, plus de 98 % de celles que nous dégustons sont originaires d'Asie. L'huître d'origine européenne (huître plate) a été décimée par différentes maladies au cours des derniers siècles. Ces épidémies ont également fait disparaître celle qui l'avait remplacée dès 1870, la « portugaise », originaire de Taïwan. Depuis les années 1960, l'huître que nous élevons est une espèce creuse originaire du Pacifique, l'huître japonaise. Les coquillages naissent dans des lieux célèbres (bassin d'Arcachon ou Marennes-Oléron), puis prennent la route par camions vers différentes régions ou pays. Ils y sont nourris dans des eaux plus riches, pendant 2 ou 3 ans, avant de revenir. À ces transports polluants s'ajoutent les va-et-vient des tracteurs ou des bateaux à moteur qui permettent d'aller s'en occuper et de les récolter dans les parcs à huîtres. Ces dernières sont d'ailleurs enfermées dans des poches en plastique, tout comme les nouveaux supports de récolte des jeunes larves (les collecteurs). Enfin, depuis quelque temps, presque la moitié des huîtres que nous dégustons sont des OVM (organisme vivant modifié) appelés triploïdes. Les humains les manipulent chimiquement en laboratoire afin de les rendre stériles. Pourquoi ? Pour plaire aux consommateurs qui ne les aiment pas lorsqu'elles sont « enceintes » (laiteuses) et apprécient leur goût de noisette. Ainsi, originaires d'ailleurs, transportées dans différents lieux et manipulées par la biotechnologie, les huîtres sont-elles des produits naturels du terroir ? À chacun sa définition, mais que cela ne vous empêche pas de les déguster, sauf si vous êtes végétarien !

Ce que fait l'Homme ne serait pas « naturel »

MAIS UN GORILLE OUI ?

Une voiture, un médicament, une montre, la tour Eiffel… sont-ils artificiels ou naturels ? On aurait tendance à dire que ce sont des créations « artificielles ». Mais pourquoi un grand singe (nous), issu de la nature et fabriquant des objets avec des produits qu'il trouve sur Terre, ne serait-il pas « naturel » ? Pourquoi nous considérons-nous hors normes ? La nature n'est-elle pas digne de nous ? Serions-nous plus importants ? Dans notre culture, il semble que oui, alors qu'ailleurs dans le monde, le concept de nature séparée des humains n'existe pas toujours. Il s'agit d'une vision culturelle et subjective qui nous fait oublier que d'autres animaux fabriquent des outils et transforment leur environnement, comme nous, évidemment !

L'homme moderne vivrait sur Terre depuis longtemps

ET MONSIEUR *ERECTUS*, ALORS ?

En pensant à notre histoire, celle d'*Homo sapiens*, on aurait tendance à penser qu'elle est longue. Certes, notre espèce existe sur Terre depuis environ 300 000 ans et il s'en est passé des choses depuis ! Dans la grande famille des hominidés, c'est *Homo erectus* qui détient le record à ce jour : il a vécu entre 1 et 2 millions d'années. C'est-à-dire que cette espèce a passé 4 à 7 fois plus de temps sur Terre que nous !

J'Ai 300 000 ANS ! ...
ET MOi, 1 500 000 ! ...

L'homme serait le plus évolué des animaux

ET QUI LE DIT ?

Que veut-on dire par évolué ? Fabriquer des ordinateurs ? Cuisiner ? Écrire des poèmes ? Peindre ? Qu'importe puisque finalement ces critères sont les nôtres, ceux que nous avons sélectionnés, entre nous les humains. Alors, comment est-ce que l'on peut croire qu'ils ont une valeur universelle ? Si un oiseau parlait de nous, ne serait-il pas tenté de croire que nous sommes un peu « moins évolués » de ne pas avoir un GPS intégré dans le corps, comme eux ? Comme les nôtres, ce seraient leurs critères, subjectifs. On peut toujours croire que nous sommes plus évolués, mais, d'un point de vue scientifique et biologique cela ne vaut pas grand-chose. Seulement, avant l'arrivée de la biologie moderne et de la théorie de l'évolution de Charles Darwin, nous pensions qu'il y avait une hiérarchie dans la nature, une échelle des êtres allant des minéraux à Dieu. L'homme y était bien placé, au-dessus des plantes, puis des animaux. Nous avons longtemps continué à représenter un arbre dont le sommet était occupé par l'homme et les branches basses par des êtres vivants « moins évolués ». Nous savons désormais que cette vision est fausse et que le monde vivant n'est pas organisé en arbre avec un tronc et une cime, mais en buisson dont toutes les branches se terminent au même endroit, sans hiérarchie. Tous les êtres vivants présents sur Terre se sont adaptés, chacun de leur côté. Certains ont évolué en mouches, d'autres en chênes et nous en humains. Une mouche est donc aussi évoluée que nous, elle est simplement différente !

Les papillons mites mangeraient nos pulls

AVEC LEUR TROMPE ?

Quelques papillons sont munis de mini-mâchoires leur permettant de croquer des grains de pollen. D'autres n'ont parfois pas de bouche, mais la plupart possèdent une trompe qui leur permet d'aspirer des liquides. Ainsi équipés, comment les petits papillons connus sous le nom de mites pourraient-ils croquer la laine de nos pulls ? Il faut chercher en réalité du côté de leurs larves, les chenilles, qui, elles, sont dotées de mâchoires puissantes et découpeuses de plantes, de proies ou de laine !

UN PULL
EN LAINE
S'IL VOUS PLAIT
!!!
MENU

CINEMA
L'INVASION
DES COCCINELLES
ASIATIQUES
2

Le frelon et la coccinelle asiatiques seraient des espèces « invasives »

ET MOI ?

Depuis que les humains (et d'autres animaux) se déplacent sur Terre, ils transportent avec eux des êtres vivants. Volontairement ou non, nous avons toujours déplacé des animaux et des plantes. Parfois, c'était même une mode. Beaucoup de ces êtres meurent faute de pouvoir s'adapter au climat, aux prédateurs, etc. Certains arrivent à survivre et s'acclimatent. C'est le cas de centaines d'espèces, comme les platanes ou les coccinelles, que nous avons fait venir d'Asie pour lutter contre les pucerons. Le frelon à pattes jaunes est aussi arrivé dans des produits en provenance d'Asie. Depuis, ces animaux naissent en France et se sont adaptés malgré eux, car ils n'avaient pas le choix. Alors, comment faut-il les considérer ? Et que dire de nos ancêtres qui sont tous sortis d'Afrique pour coloniser la Terre entière ? Sommes-nous également « invasifs » ? Si l'on posait la question à certains animaux, la réponse serait évidemment : Oui ! Avec les avions ou les bateaux, ces déplacements d'êtres vivants sont de plus en plus nombreux et variés. Doit-on donc les qualifier tous d'invasifs ? Dans 100 ans, le frelon à pattes jaunes sera-t-il toujours considéré comme « asiatique » ? Pas facile, surtout que certains êtres vivants originaires de France depuis longtemps nous ennuient parfois plus que les nouveaux arrivants !

Les caméléons changeraient de couleur pour se camoufler

C'EST MADAME QUI LE FAIT ROUGIR !

Si les couleurs variées des caméléons leur permettent une certaine discrétion, leurs changements ne sont pas dus à l'environnement. Un caméléon ne prendra donc jamais les motifs de la nappe à carreaux sur laquelle il est posé ! C'est son humeur qui modifie les cellules de sa peau responsables de la réflexion de la lumière. Le stress, l'agressivité, la peur, l'excitation sexuelle… sont autant de stimuli qui le font changer de couleur, parfois en un instant. Un caméléon préfère ainsi « rougir » plutôt que se camoufler !

Les pics tambourineraient pour creuser leur nid

OU POUR FRAPPER À LA PORTE ?

Avez-vous déjà entendu les tambourinages des oiseaux pics ? Ce sont des coups extrêmement rapides, jusqu'à 20 par seconde, portés sur les arbres (ou un poteau). Le son résonne assez loin et on dirait que quelqu'un fait des travaux dans la forêt ! Il est tentant de penser qu'avec leur long bec pointu, ils creusent le bois à la recherche de nourriture (vers de bois) ou qu'ils construisent leur nid dans un arbre creux. Mais non, ces tambourinages servent à marquer leur territoire ou à séduire une femelle. Différents pics tambourinent, comme les pics noirs, épeiche ou épeichette. Quant au plus commun, le pic-vert des jardins, il mange surtout au sol et se fait entendre en criant plutôt qu'en tambourinant !

Achevé d'imprimer en avril 2018
sur les presses de l'imprimerie Printer Portuguesa